I0421876

www.ingramcontent.com/pod-product-compliance
Lightning Source LLC
Chambersburg PA
CBHW080422290526
45791CB00008BA/2379
9781072277347